Whispering of My Heart

Romance Collection

Order this book online at www.trafford.com
or email orders@trafford.com

Most Trafford titles are also available at major online book retailers.

Translated by Mathew Liss

Printed in the United States of America.

ISBN: 978-1-4669-0314-2 (sc)
ISBN: 978-1-4669-0465-1 (e)

Trafford rev. 01/132/2012

 www.trafford.com

North America & international
toll-free: 1 888 232 4444 (USA & Canada)
phone: 250 383 6864 ♦ fax: 812 355 4082

"With me poetry has not been a purpose, but a passion."—Edgar Allan Poe

"Conmigo la poesía no ha sido un propósito, sino una pasión"—Edgar Allan Poe

CONTENTS

Agradecimientos

Gracias Dios por darme creatividad e inspiración.
A mi mamá Mayra, gracias por desarrollar en mi la pasión de escribir "todo lo que tenemos es un sueño hecho realidad a través de duro trabajo y perseverancia" gracias por soñar conmigo.

Profunda gratitud a todos aquellos que me inspiraron a escribir con su presencia, o ausencia en mi vida. Gracias a cada persona que me ayudo con el proceso del libro, aquellos que leyeron, opinaron y creyeron.
También quiero expresar mi gratitud a María Gómez por su apoyo.

A ti por creer en poesía y comprar este libro.
Mantén la poesía viva.

Acknowledgement

Thanks Lord for giving me creativity and inspiration.
To my mom Mayra, thanks for developing on me the passion of writing "all that we have is a dream that became reality through hard work and perseverance" thanks mom for dreaming with me.

Deep gratitude to all those who inspired me to write with their presence, or absence in my life, I thank every person that helped me with the process of the book, those who, read, commented and believed.

Also I want to express my gratitude to Maria Gomez for her encouragement and support.

To you for believing in poetry and buying this book
Keep poetry alive.

Whispering of my Heart

Romance Collection

". . . A Desperate need of you, that in an empty space left
by your absence
Cries to the stars waiting for your return."

"Una desesperada necesidad de ti que en un espacio vacío
Dejado por tu ausencia llora a las estrellas esperando
por tu regreso"

-Yasmin Alcántara

1—Todo puede ser un poema

Todo puede ser un poema.
El agua que forma los océanos,
el sol,
la luna,
y la sonrisa de cada persona.

La lluvia,
las apuestas de sol,
la arena que forma la playa,
y cada corazón lleno de amor.

Todo puede ser un poema.

La música que me hace bailar,
cada amanecer,
palabras dulces,
un abrazo,
un beso,
tus hermosos ojos,
y cada pequeño momento en la vida.

Todo puede ser un poema.

1—Everything can be a poem

Everything can be a poem.
The water that makes up the oceans,
the sun,
the moon,
and every person's smile.

The rain,
the sunset,
the sand that makes up the beach,
and every loving heart.

Everything can be a poem.
The music that makes me dance,
every day sunrise,
sweet words,
a hug,
a kiss ,
your beautiful eyes,
and every little moment in life.

Everything can be a poem.

2—¿Por qué escribo?

Esta noche,
es una de esas noches en las cuales yo quiero escribir.
Sentada en mi escritorio, mi imaginación comienza a emerger,
y me olvido del celular y la tv,
y me olvido de todo lo que gira alrededor de mí.

¿Por qué escribo? ¿Por qué escribo?
La escritura es un momento mágico;
es el único momento, en el cual el mundo es lo que yo quiero que sea:
puedo volar a la luna,
y en el centro del universo dormir,
puedo tener unicornios descansando en mi jardín,
y sirenas cantando toda la noche para mí.

Cuando escribo, las ideas vienen a mi mente en forma de palabras rítmicas;
formando versos sobre mis experiencias del mundo,
y escribo acerca del amor, y su pasión,
y escribo acerca de la amistad, la vida, y sus secretos,
y con metáforas yo describo, la profundidad de mis sentimientos.

Esta noche,
es una de esas noches,
en las cuales yo quiero escribir.

¿Por qué escribo? ¿Por qué escribo?

2—Why do I write?

Tonight,
is one of those nights that I want to write.
Sitting at my desk, my imagination starts to emerge,
and I forget about the cell phone, and the TV,
and I forget about everything that revolves around me.

Why do I write? Why do I write?
Writing is a magic moment;
it is the only time where the world is what I want it to
be:
I can fly to the moon,
and in the middle of the universe fall asleep,
I can have unicorns lounging in my front yard,
and mermaids singing for me to sleep through the night.

When I write, ideas come to my mind in the form of
rhythmic words;
forming verses about my experiences of the world,
and I write about love, and its passion,
and I write about friendship, life and its secrets,
and with metaphors I describe my deepest feelings.

Tonight,
is one of those nights, that I want to write.

Why do I write? Why do I write?

3—Bailarín

Pasas por la vida, alegre y soñador.
De espíritu fuerte y vencedor,
contagias a todo el mundo,
mi querido bailador.

Haces poesía con tu cuerpo;
tus movimientos son: el verso
que atrapa la atención,
de todo aquel que te mira bailando
al ritmo de la canción.

Bailador, bailador,
eres sinónimo de pasión.
¿Donde aprendiste a ser tan dulce al bailar?
¿Donde aprendiste ese arte de con tu espíritu
la música amar?

Ah! no lo aprendiste.
Tú naciste así,
desde las entrañas de tu madre,
ya bailabas de por si.

Amas la música, amas el ritmo, amas vivir.
Bailador, bailador
¿Por que no bailas para mí?

3—Dancer

Goes through life, happy and dreaming.
With a strong and victorious spirit,
contagious to the entire world,
my dear dancer.

Makes poetry with your body;
your movements are: the verse
that catches the attention,
of everyone who sees you dancing
to the rhythm of the song.

Dancer, dancer,
you are synonymous with passion.
Where did you learn to dance so sweet?
Where did you learn the art of with your spirit
the music love?

Ah! you did not learn it.
You were born like that,
from the womb of your mother,
you were already dancing.

You love music, you love rhythm, and you love life.
Dancer, dancer
Why don't you dance for me?

4—Caminando por la playa

Caminando por la playa, siento el aire jugar con mi pelo,
escucho las olas del océano
y deseo que estuvieras aquí conmigo.

Como este sentimiento inmenso de no tenerte
está aquí conmigo, cada día y cada noche.
Como este sentimiento tormentoso
de saber que no vas a volver a mí.

Los colores del arco iris se han ido,
las luces de las estrellas,
los dulces poemas de amor,
las risas en la distancia,
la lluvia romántica ya no es romántica.

Caminando por la playa, me pongo a pensar,
en lo maravilloso que hubiera sido nuestro amor,
y estar juntos hasta el final de nuestros días.

Tu ausencia es una desesperada necesidad de ti,
que en un espacio vacío,
llora a las estrellas, esperando por tu regreso.

4—Walking on the beach

Walking on the beach, feeling the air playing with my hair,
listening to the waves of the ocean,
I whish you were here with me.

Like this immense feeling of not having you
is here with me, every day and night.
Like this tormented feeling
of knowing that you're not coming back.

The colors of the rainbow are gone,
the lights on the stars,
the sweets poems of love,
the laughs in the distance,
the romantic rain is not romantic no more.

Walking on the beach, I started thinking,
how wonderful our love would have been,
and being together till the end of our days.

Your absence is a desperate need of you,
that in an empty space,
cries to the stars, waiting for your return.

5—Cruel Realidad

Dulce y fresca tarde de otoño.
Estoy sentada en el mismo café de siempre,
como todos los viernes a las cinco.
Yo te espero, hojeando una revista de modas,
buscando ideas para sorprenderte
en una de nuestras noches de pasión.

A lo lejos
A lo lejos
escucho nuestra canción, y sonrío porque trae a mí recuerdos
de nuestras locuras de amor.

Los árboles felices y coloridos, han dejado el verde ir,
permitiendo que el otoño juegue a ser diseñador,
vistiéndolos con los últimos colores de la estación.

Me siento distante mirando las hojas secas jugar con el viento,
van y vienen, caen, y se levantan para seguir el juego,
y yo las miro con detenimiento,
y por un momento me encuentro perdida en el tiempo;

cuando me doy cuenta, el café que he ordenado para los dos
ya esta frío. Yo no lo he tomado, porque aun no estas conmigo,
y se que no te gusta tomar café a solas.
¡Que va!, "cuando llegues tendré que ordenar otra ronda".

Miro el reloj, ya te has tardado veinte minutos.
Como siempre el tiempo no es de tu preocupación,
después de todo, no has dejado de ser impuntual.
Me paro de la mesa, puesto que ya estoy cansada de
esperar,
y de repente recuerdo que hoy no llegaras.

Me dirijo a la casa, esperando que estés ahí,
al entrar las luces están encendidas
¿Las habré yo dejado así?

Tú me recibes con un ramo de flores y una botella de
vino,
y yo me siento un poco avergonzada,
ya que contigo estaba enojada,
pero te beso como si fuera mi último momento contigo.

Que sorpresa me llevo, al abrir mis ojos y ver que no estas,
Nuevamente, solo yo y mi soledad.
He despertado a mi realidad.

Camino por el apartamento sin sitio alguno,
recorriendo cada rincón con mis recuerdos,
al ver una foto en la cual estamos los dos
la tomo en mis manos,

y la pongo en mi pecho para dormir,
para dormir con ella en silencio,
como cada noche desde aquella
vez de tu entierro.

5—Cruel Reality

Sweet and fresh autumn afternoon.
I am sitting at the same café as usual,
As every Friday at five.
I will wait, leafing through a fashion magazine,
looking for ideas to surprise you
for one of our nights of passion.

In the distance
In the distance
I hear our song, and I smile because it brings back memories
of our follies of love.

The happy and colorful trees, have let go of the green,
permitting autumn to play like a designer with the leaves,
dressing them with the last colors of the season.

I feel distant watching the dry leaves play with the wind,
they come and go, fall, and rise to continue the game,
and I watch them with care,
and for a moment I find myself lost in time;

moment in which I realize, the coffee that I had ordered for the two of us
is now cold. I did not drink it because you are not with me,
and I know you do not like to drink coffee alone.
Oh well!, "when you get here I will have to order another round".

I look at the clock, you are already twenty minutes late.
As always time is not your preoccupation,
after all, you have not stopped being unpunctual.
I get up from the table because I am tired of waiting,
and suddenly I remember that today you are not coming.

I am going to the house, hoping that you will be there,
upon entering the lights are on
Did I leave them on?

You welcome me with a bouquet of flowers and a bottle
of wine,
and I feel a little embarrassed
because I was angry with you,
but I kiss you as if it were my last moment with you.

What a surprise to find out, that when I opened my eyes
you were not there,
again, just me and my loneliness.
I have awakened to my reality.

I walk through the apartment without anywhere to go,
covering each corner with my memories,
when I see a photo in which we are together,
I take it in my hands,

and I put it on my chest to sleep,
to sleep with it in silence,
like every night since the
time of your funeral.

6—Yo quiero estar ahí

Yo quiero estar ahí:
en el centro del universo,
donde todo es paz,
y no existe el dolor,

y cerrar mis ojos,
y dormir,
dormir por mil años,
y olvidar el pasado,
olvidar mis sentimientos y mis lágrimas.

Yo quiero estar ahí:
en el centro del universo,
dejando todo atrás,
todo lo que es material
e inusual para una vida espiritual.

Yo quiero estar ahí . . .

6—*I want to be there*

I want to be there:
in the middle of the universe,
where everything is peaceful,
and there is not pain,

and close my eyes,
and sleep,
sleep for one thousand universe years,
and forget about the past,
the feelings and my tears.

I want to be there:
in the middle of the universe,
leaving everything behind,
all that is material
and unusual for a spiritual life.

I want to be there . . .

7—Quiero amanecer

Quiero amanecer un día
en un jardín lleno de flores,
en donde vea corazones de muchos colores.

Quiero amanecer un día
en donde olfatee las sonrisas,
y las almas solo sean
hermosas margaritas.

Quiero amanecer un día
mirando hacia el sol,
y sentir caer la lluvia a mí alrededor

y así amanecer,
haciendo de cada día un cofre de sorpresas
esparcidas con amor.

7—I want to wake up

I want to wake up one day
in a garden full of flowers,
where I can see hearts of many colors.

I want to wake up one day
where I can smell the smiles,
and the souls are only
beautiful daisies.

I want to wake up one day
looking towards the sun,
and feel the rain falling around me

and wake up like that,
making each day a coffer of surprises
sprinkled with love.

8—Fría noche de diciembre

Fría noche de diciembre,
camino entre las calles y solo observo.
Observo las almas dormidas en el tiempo,
las almas abandonadas,
las almas olvidadas por la vida.

Camino sin rumbo alguno, sin saber a donde voy.
Si, solo camino, con el alma vacía de sentimientos,
solo camino y puedo observar que todo es tan diferente.

Todo es tan diferente
en el mundo perdido y vacío.

El dolor no es dolor; el frío ya no es frío,
vivir no es vivir.

¿Será la realidad de la vida?
¿Será que el mundo que yo creí mundo, no lo es?
Aquel donde todo es hecho de rocas y plásticos,
incluyendo las almas desorientadas en el mundo material:
donde a ninguna persona le importa,
donde todo es a base de papel y cristal.

Este mundo, este mundo.
No tiene tiempo para dormir y menos para

despertar, no saben mucho de reír,
se han olvidado de llorar.

El dolor no es dolor; el frío ya no es frío,
vivir no es vivir.

8—Cold December night

Cold December night,
I walk along the streets and I only observe.
I observe the sleeping souls in time,
the abandoned souls,
souls forgotten for the life.

I walk aimlessly, not knowing where to go.
Yes, I walk, with my soul empty of feelings,
I just walk and I can observe that everything is so
different.
Everything is so different
in the lost and empty world.

The pain is not pain; the cold is no longer cold,
to live is not to live.

Is that the reality of life?
Is the world not the world I believed it was?
The one where everything is made of rocks and plastic,
including the disoriented souls in the material world:
where no one cares,
where everything is based on paper and crystal.

This world, this world.
No time for sleep, and even less for waking up,

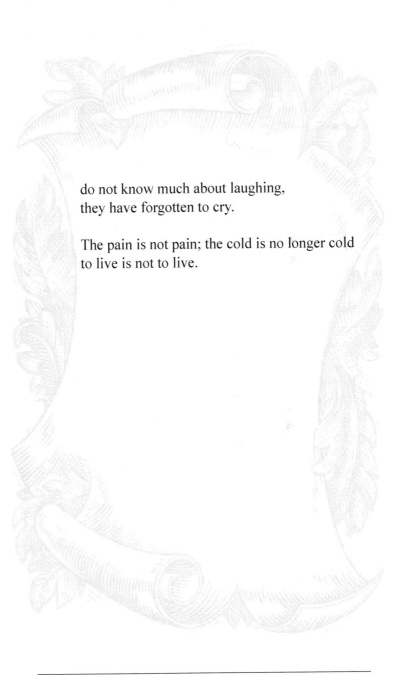

do not know much about laughing,
they have forgotten to cry.

The pain is not pain; the cold is no longer cold
to live is not to live.

9—Atrapada

Cuando tus sueños han sido atrapados
por el murmullo sordo del cotidiano vivir,
te parece todo extraño
y no puedes sonreír.

Las sonrisas son solo sombras;
las almas se muestran perdidas
disfrazadas de una falsa alegría,
y tú sin saber que va a hacer de tu vida;

porque las puertas se han cerrado,
ya no encuentras ninguna salida,
todo es vacío sin significado alguno.
¡La vida! se te olvido como vivirla,

y vives cada día
como si fuera otro día normal;
pero en el fondo sigues buscando
por ese algo especial.

Cuando tus sueños han sido atrapados
por el murmullo sordo del cotidiano vivir,
te encuentras perdido
sin lugar a donde ir,

y corres y te escondes
de la verdad de cada día,
que te brinda todo lo que es una falsa mentira;

porque para ti la única realidad
esta en tus sueños atrapados,
en el mundo,
en el mundo irracional.

9—Trapped

When your dreams have been trapped
by the deaf murmur of the daily living,
everything seems strange
and you cannot longer smile.

The smiles are only shadows;
the souls appear lost
disguised as a false joy,
and you without knowing what to do with your life;

because the doors have been closed,
you cannot find a way out,
everything is empty and meaningless.
Life! you forgot how to live it,

and you live each day
as if it was another one;
but deep down you keep looking
for that special something.

When your dreams have been trapped
on the deaf murmur of daily living,
you find yourself lost
with nowhere to go,

and you run and hide
from the truth of every day,
from everything that is a false lie;

because for you the only reality
is trapped in your dreams,
in the world,
in the irrational world.

10—Simple vida

Linda mañana tú que estas clara
despiertas a todo el mundo con tu alegría soleada,
los pájaros cantan en mi oído
¡Despierta ya es mañana!

el gallo con el quiquiriquíqui
responde de forma natural,
es el primero que espera el sol salir en el amanecer
para a su llegada cantar.

El rítmico sonido del pueblo
comienza su cotidianidad,
lo mismo de ayer,
la misma simple felicidad.

El verdurero que vende verduras,
la florista de la esquina,
los niños que van al colegio;
que feliz la simple vida.

No saben de tecnología,
no les gustan las complicaciones,
no importa si el dólar sube o baja;
que importa si el gobierno tomo el dinero
para complacer sus caprichos,
dejando al pueblo sin nada.

Ah, que pueblo, mi pueblo, siempre tan alegre,
acogiendo a todo el mundo que llega

brindándoles todo lo que tienen,
que no es más que una honesta sonrisa,
salida desde lo más profundo de su simple y cotidiana
vida.

10—Simple life

Beautiful morning thou that is clear
you wake up everyone with your sunny joy,
the birds sing in my ear
wake up it is now morning!

the rooster with the quiquiriquíqui
responds naturally,
is the first to wait for the sunrise
to sing upon its arrival.

The rhythmic sound of the people
begins his daily life,
the same as yesterday,
the same simple happiness.

The greengrocer who sells vegetables,
the corner florist,
the children who go to school;
how happy the simple life.

They do not know about technology,
they do not like complications,
it does not matter if the dollar rises or falls;
so what if the government takes the money
to please their whims,
leaving the people with nothing.

Ah, my people, always so cheerful,
welcoming everyone who comes

giving all they have,
which is just an honest smile,
coming from the depths of their simple and everyday
life.

11—Mi persona especial

¡Conocí a una persona!
¡Una persona especial!
es súper encantadora,
es muy natural,

pero detrás de lo real
de lo que solo los ojos pueden ver,
existe un escondite
que yo logre reconocer.

Mi persona especial
me hacer reír,
no tiene temor de conmigo llorar.
Sus ojos expresan felicidad
con una luz angelical.

Su comportamiento no es común,
no es como todos los demás,
es paciente, tierna y alegre;
sensible, honesta y soñadora.

La siento tan perfecta
que me faltan palabras para expresar,
y como no ha de serlo
si es mi persona especial.

Me arrulla por las noches,
con dulces canciones me hace dormir,
y por las mañanas con dulces caricias
al despertar me haces reír.

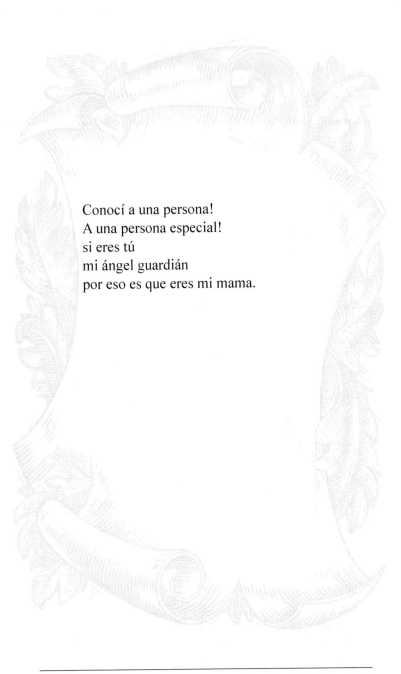

Conocí a una persona!
A una persona especial!
si eres tú
mi ángel guardián
por eso es que eres mi mama.

11— My special person

I met a person!
A special person!
it's really lovely,
it's very natural,

but behind the reality
from only what the eyes can see,
there is something hidden
that I was able to recognize.

My special person
makes me laugh,
and feels my pain when I cry.
Whose eyes express happiness
with an angelical light.

Whose behavior is not common,
is not like everyone else,
is patient, gentle and cheerful;
sensible, honest and a dreamer.

Who feels so perfect to me
that I lack of words to express,
and how could it not be
if it is my special person.

Who lulls to me at night,
with sweet songs makes me sleep,
and in the morning with sweet caresses
while I wake up makes smile.

I met a person!
A special person!
yes, it is you
my guardian angel
that is why you are my mom.

12—9/11

Un pájaro negro, volando,
volando por el cielo.
Abre sus alas de duelo,
a lo lejos, lo veo a lo lejos.
Trae tragedia
y agonía en su vuelo.

A lo lejos, lo veo a lo lejos.

Trae incertidumbre dolor y vacío,
y con loca furia y agresión,
abre sus alas de muerte
dejando solo tristeza a mí alrededor.

¿Por qué estás enojado— por qué?
Dime; que no lo puedo entender,
yo no tengo culpa de tu enojo,
nadie sabe lo que trae tu corazón.

Corazón? Corazón?
Ah! Corazón,
esa es la razón,
pero te muestras frío y despiadado
sin conciencia ni arrepentimiento
por mi dolor.

¿Por qué me has herido— por qué?
Dime; que no lo puedo entender,
no entiendo las razones de tu rencor.
El cielo esta oscuro no puedo ver,

ni respirar, Yo solo corro entre la multitud
para mi vida salvar.

Con una puñalada en el centro de mi alma
destruiste sin compasión,
solo quedan recuerdos
de lo que fue una vez
imperio y fuerza,
aquello que ya no es.

Un pájaro negro, volando,
volando por el cielo.
Abre sus alas de duelo.

A lo lejos, lo veo a lo lejos.

12—9/11

A black bird, flying,
flying through the sky.
It opens its wings of mourning,
in the distance, I see it in the distance.
It brings tragedy
and agony in its flight.

In the distance, I see it in the distance.

It brings uncertainty, pain and emptiness,
and with mad fury and aggression,
it opens its wings of death
leaving only sadness around me.

Why are you angry—why?
Tell me; I cannot understand,
I have no fault of your anger,
no one knows what your heart brings.

Heart? Heart?
Ah! heart,
that is the reason,
but you appear cold and heartless
without conscience or regret
for my pain.

Why have you hurt me—why?
Tell me; I cannot understand,
I do not understand the reasons for your rancor.
The sky is dark; I cannot see,

or breathe, I just run through the crowd
to save my life.

With a stab in the center of my soul
ruthlessly destroyed,
only memories remain
from what was once
empire and strength,
that no longer is.

A black bird, flying,
flying through the sky.
It opens its wings of mourning.

In the distance I see it, in the distance.

13—Infatuación

Aunque algunas noches puedo dormir tranquila,
otras despierto en la madrugada
cuando llegas a mí de forma inesperada.

Te acercas despacio, muy despacio;
no sabes que puedo olerte a distancia,
puedo sentir tus suaves e imperceptibles pasos,
puedo sentirte venir a mi, aunque aun no hayas llegado.

Entonces me quedo inmóvil con mis ojos cerrados,
y tú crees que duermo,
y respiro despacio para que no sientas
mi corazón palpitar con rapidez.

Acercas tu rostro al mío,
y es cuando siento el filo de tu piel;
me respiras,
te respiro,
siento que me puedes querer,
siento que puedes ser mío,
siento que te puedo tener.

Rozas tus labios suavemente con los míos
y no me puedo contener.
Abro mis ojos para verte al besarme,
momento en el cual te desvaneces en el aire.

Trato de sostenerte entre mis manos, pero no puedo,
ya te has marchado,
dejando tu dulce aroma
y el leve calor de tu piel en mi piel.

13—Infatuation

Although some nights I can sleep peacefully,
others I awake in the middle of the night
when you come to me unexpectedly.

You approach slowly, very slowly;
you do not know I can smell you from a distance,
I can feel your soft and imperceptible steps,
I can feel you come to me even though you have not
arrived.

So I keep still with my eyes closed,
and you think I am sleeping,
and I breathe slowly so you cannot feel
my heart beat fast.

You bring your face close to mine,
and that is when I feel the edge of your skin;
you breathe on me,
I breathe on you,
I feel like you can love me,
I feel like you can be mine,
I feel like I can have you.

You caress your lips gently with mine
and I cannot contain myself.
I open my eyes to see you kissing me,
at which point you vanish into the air.

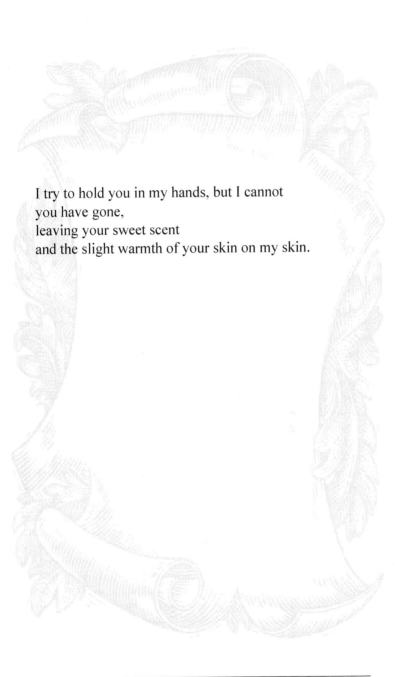

I try to hold you in my hands, but I cannot
you have gone,
leaving your sweet scent
and the slight warmth of your skin on my skin.

14—Hoy yo quiero

Hoy quiero una noche romántica;
una de esas noches en las que me sorprendes
con un ramo de flores: rosas rojas o lirios talvez.

Hoy quiero una noche romántica;
de esas noches en las que
te espero con un vestido seductor,
y preparo la cena para los dos
con velas y vino rojo.

Es que hoy quiero,
cuanto quiero.
Quiero tenerte aquí, conmigo,
y conversar por horas y reír con tus ocurrencias,
y dejarte acariciar mi pelo,
y dejarte besarme lentamente.

Hoy quiero una de esas noches,
noches en las que no podemos estar el uno sin el otro,
y yo juego a que no te quiero, y tú juegas a que me persigues
por donde quiera que vaya.

Sí, hoy yo quiero.
Quiero que me susurres al oído,
que me des tus dulces caricias,
quiero que estés conmigo.

14—Today I want

Today I want a romantic night;
one of those nights when you surprise me
with a bouquet of flowers: red roses or lilies perhaps.

Today I want a romantic night;
one of those nights when
I wait for you in a seductive gown,
and I make dinner for us
with candles and red wine.

It is just that today I want,
how much I want.
I want to have you here, with me,
and talk for hours and laugh about your occurrences,
and let you stroke my hair,
and let you kiss me slowly.

Today I want one of those nights,
a night when we cannot be without each other,
and I play hard to get, and you chase me
wherever I go.

Yes, today I want.
I want you to whisper in my ear,
to give me your sweet caress,
I want you to be with me.

15—Carta al olvido

Querido olvido: Quiero que llegues
y te lleves todos mis recuerdos de el;
su aroma, su sonrisa, sus ojos negros como el azabache,
su tímida carcajada al reír.

Sentada esta tarde, me encuentro leyendo
la ultima carta que le escribí—aquella que no le dí.
Miro al cielo y suspiro de nostalgia
porque el ya no esta aquí.

Querido olvido:
Hazme el favor y borra de mí cada recuerdo
de lo que fue aquel amor;
amor que me quemó como la llama al carbón,
amor que me dejo seca y sin nada,
amor que destruyo todo en mi,
como un tornado que destruye todo lo que encuentra a
su paso.

Querido olvido, querido olvido
¿Porque no llegas ya?
Que ya no quiero recordar
sus suaves manos, su masculina voz,
sus dulces palabras,
su compañía.

15—Letter to oblivion

Dear oblivion: I want you to arrive
and take away all my memories of him;
his scent, his smile, his jet-black eyes,
his shy burst of laughter.

Sitting this afternoon, I find myself reading
the last letter I wrote—the one I did not give to him.
I look to the sky and sigh of nostalgia
because he is no longer here.

Dear oblivion:
Do me a favor and erase from me every memory
of what was that love;
love that burned me like a flame of coal,
love that left me dry and without nothing,
love that destroyed everything in me,
like a tornado that destroys everything in its path.

Dear oblivion, dear oblivion
Why don't you come now?
Because I no longer want to remember
his soft hands, his masculine voice,
his sweet words,
his company.

16—Roto

El espejo se rompió en mil pedazos,
como en pedazos estaba roto el corazón de el.
¿Porque estaba roto— porque?

Mucho dolor por un amor no correspondido,
mucho dolor por el amor que se ha ido,
mucho dolor por la distancia y la añoranza muerta en la
espera por ella;
ella que nunca volvió,
ella, que destrozo su corazón,
dejando solo cenizas de lo que una vez fue amor.

El buscó entre las nubes, la noche, la luna y las estrellas
aquella persona que alivie su dolor.
Aquella persona que pueda curar las heridas causadas por
aquel sufrido amor,
y caminó sin descanso en busca de lo perdido, mas no lo
encontró.
Se sintió derrotado y sin más fuerzas para luchar,
se sintió en agonía y sin poder respirar.

Le preguntó al viento, en que dirección podría el dirigirse.
-"Sigue tu corazón" le dijo el viento, con un susurro en el
oído suave y delicado como la caricia de un niño.
Se sentó a pensar sobre una piedra a la horilla de un río,
y comenzó a recordar todo lo que el había perdido.

16—Broken

The mirror shattered into a thousand pieces,
like the broken pieces of his heart.
Why was it broken— why?

A lot of pain for a love unrequited,
a lot of pain for the love who has gone,
a lot of pain for the distance and the dead yearning in wait
for her;
she who never returned,
she who shattered his heart,
leaving only ashes of what once was love.

He looked among the clouds, the night, the moon and the
stars for that person who eases his pain.
That person who can heal the wounds caused by that
suffering love,
and he walked without rest in search of the lost, but he
did not find her.
He felt defeated and without further strength to fight,
he felt in agony and was unable to breathe.

He asked the wind which way he could go.
-"Follow your heart," said the wind, with a whisper in his
ear, soft and delicate as the touch of a child.
He sat down to think on a stone at the edge of a river,
and he began to remember everything that he had lost.

17—La tarde llora por ti

Esta tarde esta nublada, de cielo obscuro y mar profundo;
pide a gritos con lluvias empapadas de nostalgia, escuchar
tus latidos,
pide a gritos sentirte cerca.

La brisa que recorre los mares, buscando entre sus aguas
tu esencia,
formando olas, con la esperanza de encontrar tu cuerpo al
desnudo entre ellas.
Tu cuerpo mojado de sueños
espera, sonríe al sol.

Esta tarde pide a gritos y añora tu esencia,
pide a gritos a la naturaleza,
pide a los pájaros que canten tu nombre.

La tarde siente tu ausencia,
pero tú no le respondes,
no la dejes en espera,
no la hagas morir de angustia en la lejanía,

y en cada anochecer veo el sol ocultarse,
cansado de alumbrar el día, para que encuentre el camino
de regreso;
y espero impaciente a que salga nuevamente.

La espera es larga, pero en mi corazón,
los atardeceres hermosos y soleados
serán por siempre cuando regreses.

17—The afternoon cries for you

This afternoon is cloudy of obscure sky and deep sea;
it cries out with rain drenched of nostalgia, to listen to
your heartbeat,
it cries out to feel you close.

The breeze that crosses the seas, searching through its
waters for your essence,
making waves, in hopes of finding your nude body
between them.
Your body wet of dreams
waits, smiles to the sun.

This afternoon cries out and longs for your essence,
this afternoon cries out to the nature,
it cries out to the birds that sings your name.

The afternoon feels your absence,
but you do not respond,
do not leave her waiting,
do not let her die of anxiety in the distance,

and every nightfall I see the sunset,
tired of lighting the day, for you to find the way back;
and I wait impatiently for it to come out again.

The wait is long, but in my heart,
the beautiful and sunny sunsets
will forever be when you get back.

18—Aun te siento

Te has marchado ya, dejando conmigo esta inmensa soledad.
En mi habitación ya no puedo estar,
mis lágrimas se han secado de tanto llorar.

Dime que hacer; la vida me es insuficiente,
dime que hacer, para ocultar lo que mi corazón por ti siente.
Aun siento tu cuerpo junto al mío, en aquella nuestra última noche de pasión.

Quisiera regresar el tiempo, y besar tus labios otra vez;
sentir tus caricias en mi cuerpo,
y hacer que me vuelvas a querer.
Cuanto daría por sentirte nueva vez.

En donde estarás en estos instantes,
en lo que yo deseo tenerte junto a mí?
Ahora entiendo,
sin ti veo la vida diferente,
ahora lo se, y pensé que nunca podría perderte.

Te has marchado ya; te busco en cada rostro, y no te logro encontrar.
Talvez sea una estupidez esperar el día en que regresarás,
quizá me pueda acostumbrar;
pero se que nunca te voy a olvidar.

18—I still feel you

You have gone now, leaving me with this immense loneliness.
In my room I cannot be any longer,
my tears have dried from crying so much.

Tell me what to do; my life is insufficient,
tell me what to do, to hide what my heart feels for you.
I still feel your body next to mine, in our last
night of passion.

I would like to return to the past, and kiss your lips again;
to feel your touches on my body,
and make you want me again.
How much I would give to feel you again.

Where are you in these instances, when I wish to have
you with me?
Now I understand,
without you I see life differently,
now I know, and thought that I could never lose you.

You have gone now; I look for you in every face, and
cannot find you.
Maybe it is stupid to wait for the day when you will return,
maybe I can get used to it;
but I know that I am never going to forget you.

19—Mi secreto

Una vez conocí a una persona
que al pasar el tiempo se convirtió en especial.
Una vez,
una vez,
fue lo que quiso ser,
y aquella vez me hizo feliz,
y fue feliz también.

Despertó los sueños dormidos,
bañó de lluvias iluminadas con felicidad
los momentos que vivimos.
Lleno de flores mi jardín
en época de otoño,
y saco de mí todos mis tesoros.

Una vez,
aquella vez,
que ya no puede ser,
y aquella vez me hizo feliz,
y fue feliz también.

Y paso el tiempo,
y vino el otoño,
las flores no crecieron,
no encontré mis tesoros.

Mi corazón despertó
y lo busco en los sueños dormidos,
en las gotas de lluvias,

en los momentos que vivimos,
más no lo encontró.

Lo único que me queda
es mi secreto mas preciado,
y lo tengo guardado
donde nadie pueda encontrarlo.

Una vez,
una vez,
fue lo que quiso ser,
y aquella vez me hizo feliz,
y fue feliz también.

19—My secret

I once met a person
who over time became special.
Once,
once,
it was what he wanted to be,
and that time made me happy,
and he was happy too.

Awoke the sleeping dreams,
showered of rain drops illuminated with happiness
the moments we once lived.
Filled my garden with flowers
in autumn season,
and drew from me all my treasures.

Once,
that one time,
that now cannot longer be,
and that time made me happy,
and he was happy too.

And time passed,
and then came the autumn,
the flowers did not grow,
I did not find my treasures.

My heart awoke
and I looked for him in the sleeping dreams,
in the raindrops,

in the moments we lived,
but I did not find him.

The only thing I have left
is my most precious secret,
and I have it saved,
where no one can find it.

Once,
once,
it was what he wanted to be,
and that time made me happy,
and he was happy too.

20—En honor a la verdad

Hoy me he despertado en ti;
hoy, sigo aquí,
esperando con el alma vacía
que regreses a mi.

Siento la brisa de este día lluvioso,
como acaricia mi rostro;
siento como me golpea al traer
recuerdos de ti.
Siento cada gota que al caer,
pide a gritos que no sufra más por ti,

y en honor a la verdad,
tengo que reconocer, que aun te amo,
y en honor a la verdad,
tengo que decirte, amor, cuanto te extraño.

20—In honor of the truth

Today I awoke in you;
today, I am still here,
waiting with an empty soul
that you come back to me.

I feel the breeze of this rainy day,
how it caresses my face;
I feel how it brings back
memories of you.
I feel every drop that falls,
screaming out not to suffer more for you,

and in all honesty,
I have to admit that I still love you,
and in all honesty
I have to tell you, love, how much I miss you.

21—Regalo

Te regalo mi aliento
para cuando necesites respirar
y te falte el tuyo.

Te regalo un minuto de silencio
cuando necesites paz,
te regalo mis oídos,
cuando necesites a alguien que te quiera escuchar.

Te regalo un poema,
una carta,
y hasta una canción.

Te regalo una amiga,
una hermana,
mis palabras de aliento.

Te regalo un escalón para subir
a donde quieras llegar,
te regalo mi hombro
cuando te necesites apoyar.

Te regalo solo eso
porque no te puedo regalar más.

21—Gift

I give you my breath
when you need to breathe
and lack of your own.

I give you a minute of silence
when you need peace,
I give you my ears,
when you need someone who will listen.

I give you a poem,
a letter,
and even a song.

I give you a friend,
a sister,
my words of encouragement.

I give you a step to climb
to wherever you want to go,
I give you my shoulder
when you need support.

I give you just that
because I cannot give more.

22—vivir en silencio

Es tan duro vivir en el silencio,
es tan duro; amor, aun te siento.
En la distancia estará nuestro recuerdo,
regresa pronto, amor, que yo te espero.

22—To live in silence

It is so hard to live in silence,
it is so hard; love, I still feeling you.
In the distance our memories will be,
come back soon, love, I am waiting.

23—Te sorprenderá saber

Recuerdo tantas cosas cuando estuve contigo,
pero lo que no recuerdo es porque te perdí.
Te sorprenderá saber
que ya olvide reír.
Te sorprenderá saber
que tu presencia sigue aquí.
Tú haces que mi corazón lata fuertemente,
tú haces que mis ojos brillen nuevamente.

23—You will be surprised to know

I remember so many things when I was with you,
but what I do not remember is why I lost you.
You will be surprised to know
that I forgot how to laugh.
You will be surprised to know
that your presence is still here.
You make my heart beat strongly,
you make my eyes shine again.

24—Recuerdos

Aun en la distancia
donde solo el viento sopla,
escucho tus susurros
al abrir mis ojos,
y suspiro,
como suspiro;
al darme cuenta que de ti,
solo me quedan,
recuerdos.

24—Memories

Even in the distance
where only the wind blows,
I hear your whispers
upon opening my eyes,
and sighing,
how I sigh;
upon realizing that of you,
I am only left with,
memories.

25—Tú aroma

Tu aroma es como sangre
que corre por mis venas,
lo siento fluir dentro de mí.
Siento como al mirarte
acaricia todo mi cuerpo,
lo acoge y llega tan adentro,
y susurra al mismo tiempo.
"Sabes que no puedes vivir sin mi"

25—Your scent

Your scent is like blood
that runs through my veins,
I feel it flowing inside of me.
I feel like just by looking at you
it caresses my whole body,
it welcomes and reaches so far into me,
and whispers at the same time.
"Know that you cannot live without me"

26—Viajera en el tiempo

Quiero ser viajera en el tiempo,
quiero ir al pasado y disfrutar lo que no disfrute,
cambiar todo los errores cometidos
que causaron sufrimiento y pérdida.

Quiero ser viajera en el tiempo,
y sacar fuerzas de donde no las tengo,
y poderle hablar nuevamente,
cambiar esa enojada palabra
por una mas y sutilmente.

Quiero ser viajera en el tiempo,
y hacer todo lo que no hice por temor,
sacar provecho de cada segundo
de la vida, sin enojos ni dolor.

26—Time traveler

I want to be a time traveler,
I want to go back in time and enjoy what I did not enjoy,
change all the mistakes I made
that caused suffering and loss.

I want to be a time traveler,
and draw strength from where I do not have,
and be able to speak to him again,
changing that angry word
for one more subtle.

I want to be a time traveler,
and do everything that I did not do because of fear,
take advantage of every second
of life, without anger or pain.

27—Exterminio

¿Porque no acabas de una vez con esta mentira
atrapada entre las tramas de este amor?
¿Porque no destruyes de una vez con la verdad,
todo lo que hemos construido con falsas ilusiones
y dolor?

Ilusa de mí pensar, que la historia
que me ayudaste a crear podría ser una vez realidad,
ilusa de mi pensar, que podríamos encontrar la felicidad.
Tú y yo sabemos, pero lo ocultamos uno al otro;
con temor de destruir esta falsa ilusión que nos mantiene
unidos,
pero nos mata poco a poco.

Ten valor, y acaba de una vez con esta falsa ilusión,
no te preocupes, yo no voy a morir de amor.
Ten valor, que yo no lo tengo.
Ten valor y has lo que tienes que hacer.
¿Cuanto tiempo más tenemos que gastar
para poderlo reconocer?

Que entre tú y yo nunca existió nada,
solo promesas y lindas palabras;
en un esfuerzo por buscarle salida,
a dos almas perdidas en el rumbo de la vida.

27—Annihilation

Why don't you just quit with this lie for once
caught between the patterns of this love?
Why don't you destroy with the truth for once
everything we have built with delusions
and pain?

Wishful of me to think, that the story
that you helped me to create could once become a reality,
wishful of me to think, that we could find happiness.
You and I know, but we hide it from each other;
with fear of destroying this delusion that holds us
together,
but kills us little by little.

Be brave, and end at once with this delusion,
do not worry, I will not die of love.
Have courage because I have none.
Have courage and do what you must.
How much more time do we have to spend
to be able to recognize?

That between you and me there was never anything,
only promises and kind words;
in an effort to look for a way out,
for two lost souls in the course of life.

28—Juguete de el rey

Me convertí en juguete una vez más,
un feliz títere para su majestad.
Con color carmín dibuje una sonrisa en mi rostro
todo por hacer feliz y llenar al rey sus caprichos,

y jugué a ser muñeca,
y jugué su juego de vanidad,
y me enredo entre sus fantasías,
dejándome llevar por lo absurdo de mis sueños.

Fui para el lo que nunca era:
fui para el rosa y agua clara,
fui amor y dulces palabras,
fui poemas, canciones y cartas,
fui una amiga, un beso y una lagrima;

fui una caricia, un día de alegría, un minuto de cordura,
una niña juguetona que entre sus brazos, cansada de jugar
dormía,

pero no me daba cuenta, que al darle cada minuto de mi
vida
me perdía más y más, sin saber como encontrar salida,
y llegue a perder tanto en esta relación, que hasta perdí
mi razón.
Para el solo fui un juguete más,
algo que no fue suficiente para llenar su corazón,
su corazón de rey arrogante, que no sabe nada del amor.

28—The king's toy

I became a toy once more,
a happy puppet for your majesty.
with the color crimson I drew a smile on my face
everything to make the king happy and fulfill his whims,

and I played the roll of doll,
and I played his game of vanity,
and I became entangled in his fantasies,
getting carried away by the absurdity of my dreams.

I became for him what I never was:
I was for him rose and clear water,
I was love and sweet words,
I was poems, songs and letters,
I was a friend, a kiss and a tear;

I was a caress, a day of joy, a minute of sanity,
a playful child who in his arms, tired of playing
slept,

but I did not realize, that by giving him every minute of
my life
I was getting lost more and more, without knowing how
to find a way out,
and got to the point where I lost so much in this
relationship, that I even lost my reason.
To him I was just another toy,
something that was not enough to fill his heart,
his arrogant heart, that knows nothing about love.

29—Olvido

Ayer, mientras dormía, sentí nuevamente
tus recuerdos tocando mi ser,
me jure a mi misma olvidarte,
me jure a mi misma borrar de mi mente
lo único que tengo de ti,
recuerdos.

Tome mis maletas y volé;
traspasé los mares,
para dejar atrás todo lo que traía a mi tu ausencia,
para dejar atrás, tus ojos recordados cada mañana al abrir
los míos,
tus caricias al sentir el viento tocar mi piel.

Ayer mientras dormía, me juré nuevamente olvidarte.
Le pedí a dios con temor, que te saque de una vez de mi
corazón,
le pedí a dios con temor, que borre de mi mente cada
momento
vivido contigo;
le pedí a dios con temor, que traiga a mí de tus recuerdos
el olvido,

y llore, cuanto llore.
Cuantas lagrimas derrame, porque aun el olvido,
en lo profundo de mi ser: en donde nadie puede ver,
estas tú.

Y se que estarás ahí,
más allá de mi vida,

más allá de lo que quisiera que estés,
más allá de lo que puedes sentir por mí;
mas allá de los recuerdos y del olvido,
en mi corazón.

29—Oblivion

Yesterday, while I was sleeping, I felt once again
your memories touching my being,
I swore to myself to forget about you,
I swore to myself to erase from my mind
the only thing I have of you,
memories.

I took my bags and flew;
crossed the oceans,
to leave behind everything that reminds me your absence,
to leave behind, memories of seeing your eyes
every morning when I opened mine,
your caresses upon feeling the wind touching my skin.

Yesterday while I was sleeping, I swore again to forget
about you.
I asked God with fear, to remove you from my heart,
I asked God with fear, to erase from my mind every
moment
lived with you;
I asked God with fear, to put my memories of you into
oblivion,

and cried, how much I cried.
How many tears I shed, because even in oblivion,
in the depths of my being: where nobody can see,
you are there.

And I know that you will be there,
beyond my life,

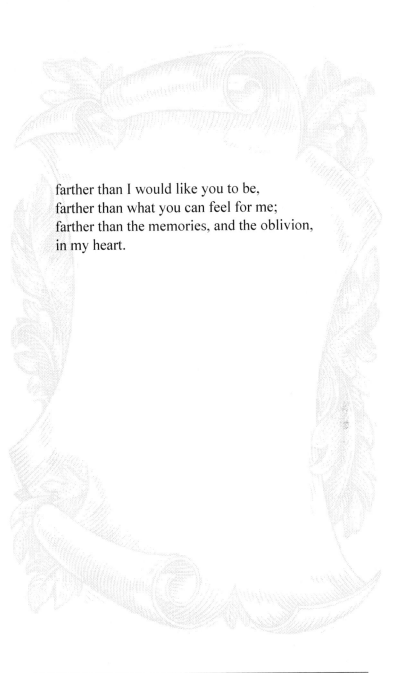

farther than I would like you to be,
farther than what you can feel for me;
farther than the memories, and the oblivion,
in my heart.

30—Lejanía

Desperté un día y el estaba allí,
me miró con sus claros y expresivos ojos;
tomó mis manos, y caminó conmigo entre la multitud
sorda y ciega,
caminó conmigo, y por primera vez
no me sentí sola.

Escuché sus suaves palabras
como poemas recitadas a mis oídos;
escuché su respiro,
su último suspiro,

y desperté una vez más;
soltó mis manos y se alejó,
se alejó sin decir una sola palabra.

Desperté una vez más, y el ya no estaba,
lo busqué entre la multitud,
lo busqué, ya cansada;
entre mis poemas de amor, en el silencio que me dejó.

Lo busqué en las profundidades del mar,
en las olas, en el viento,
en las estrellas, en mis sueños;
lo busqué hasta en el firmamento,
más no lo encontré,

y me refugié en un rincón oscuro
en las profundidades del infinito,

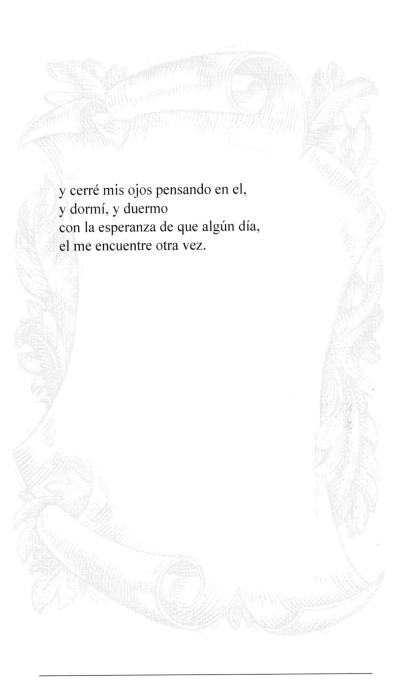

y cerré mis ojos pensando en el,
y dormí, y duermo
con la esperanza de que algún día,
el me encuentre otra vez.

30—Remoteness

I woke up one day and there he was,
he looked at me with his clear and expressive eyes;
he took my hands, and walked with me through the crowd
deaf and blind,
he walked with me, and for the first time
I did not feel alone.

I heard his soft words
like poems recited to my ears;
I heard his breath,
his last sigh,

and I awoke again;
he released my hands and walked away,
he walked away without saying a word.

I awoke again, and he was no longer there,
I looked in the crowd,
I looked, now tired;
among my poems of love, in the silence that he left me.

I looked for him in the depths of the sea,
in the waves, in the wind,
in the stars, in my dreams;
I even looked for him in the firmament,
but I did not find him,

and I took refuge in a dark corner
in the depths of infinity,

and I closed my eyes thinking about him,
and slept, and I sleep
hoping that someday,
he will find me again.

31—Cielo nublado

A veces miro al cielo, tratando de encontrar en las nubes
lo que no tengo,
tratando de encontrar respuestas a mi incertidumbre,
pero tan solo veo nubes, solo nubes.

Nubes que van rotando sin detenerse,
nubes que no pueden decir nada,
porque son solo nubes.

A veces tengo amaneceres soleados de cielo hermoso,
amaneceres, en los que las nubes son blancas y juegan
conmigo,
formando rostros o cosas;
pero hoy es un día de cielo nublado.

Las nubes están oscuras y llenas de lágrimas
pero aun así no me dicen nada.

31—Cloudy Sky

Sometimes I look at the sky, trying to find in the clouds
what I do not have,
trying to find answers to my uncertainty,
but I just see clouds, just clouds.

Clouds that are rotating without stopping,
clouds that cannot say anything,
because they are only clouds.

Sometimes I have sunrises sunny of beautiful sky,
sunrises, where the clouds are white and play with me,
forming faces or things;
but today is a day of cloudy sky.

The clouds are dark and full of tears
but they still do not say anything to me.

32—Si el universo

Si el universo me da otra oportunidad,
y el tiempo me permite volver atrás,
me gustaría tenerte en un abrazo y nunca dejarte ir.

Te quitaría el aliento con un beso,
y susurraría en tus oídos cuanto te quiero,
y ser tu cielo, el sol que ilumina tus ojos cada mañana,

la almohada en la que recuestas
tu cabeza todas las noches;
ser todo lo que necesitas para vivir.

Si el universo me da otra oportunidad
de tenerte de nuevo cerca de mí, yo sería tu sonrisa todos
los días.
Te llevaría a través del trayecto de mi amor, entre las
estrellas y mi alma,

y si el universo me pregunta una vez más,
cual es el deseo mas sincero y profundo de mi corazón;
yo diría que eres tú.

32—If the universe

If the universe gives me another opportunity,
and the time lets me go back,
I would hold you in a hug and never let you go.

I would take your breath away with a kiss,
and whisper to your ears how much I love you,
and to be your sky, the sun that illuminates
your eyes every morning,

the pillow in which you laid
your head every night;
be everything you need to live.

If the universe gives me another opportunity
of having you again near me, I would be your smile every
day.
Take you through the journey of my love, between the
stars and my soul,

and if the universe asks me ones again,
what is my hearts truly deep desire;
I would say you.

33—Mi sueño hecho realidad

¿Como comenzar?
Te veo ahí sentado y todo te lo quiero expresar.
Mejor espero a que te tomes el café,
quiero disfrutar de cada momento, sin desperdiciar nada,
quiero contarte lo que anoche soñé.

Entonces, me miras fijamente a los ojos,
y sonríes: como el amanecer a la noche
queriendo saber lo que pienso;
me acerco a ti
para decirte al oído, "te quiero"

mientras me respondes con un beso
"te amo," me dices en silencio,
y es que aun eres mi sueño eterno.

Sueño eterno que iluminas mis días,
sueño eterno, eres mi compañía;
mi anhelo de vivir,
mis carcajadas al reír,
mi fuente de inspiración,
la fortaleza de mi amor.

33—My dream come true

How do I start?
I see you sitting there, and I want to express everything
to you.
Better I will wait for you to drink your coffee,
I want to enjoy every moment without wasting anything,
I want to tell you what I dreamed last night.

So, you look fixedly into my eyes,
and you smile: like the sunrise does to the night
wanting to know what I am thinking;
I approach you
to tell you in your ear that, "I want you"

as you respond with a kiss
"I love you," you tell me in silence,
you are still my eternal dream.

Eternal dream that illuminates my days,
eternal dream, you are my company;
my desire to live,
my peals of laughter,
my source of inspiration,
the strength of my love.

34—Simplemente yo te veo

Ese momento, en el cual estamos hablando
y tú quieres expresarme lo que sientes,
pero no lo haces ¿Por temor? ¿Por orgullo?

El tiempo se detiene al mirarte a los ojos,
y yo me sumerjo a través de tu mirada;
tu mirada clara y cristalina,
tan transparente que puedo leer lo que piensas.

Ese momento, ese momento:
en el cual me tomas de las manos,
y en silencio caminamos juntos,
en silencio, te digo lo que siento;
solo con un beso.

Ese momento, de súbito palpitar,
escucho tus palabras encadenadas al amar,
y aunque no me digas el sentimiento de tu corazón,
me dejo llevar por la suavidad de tu voz.

Ese momento, que disfruto lentamente
y no quiero que termine:
son los minutos en los cuales yo me encuentro
más cerca de ti.

El silencio se transforma en comunicación,
sin palabras me dices todo,
solo con tu mirada,
en ese momento.

34—Merely I see you

That moment, in which we are talking
and you want to express your feelings,
but you do not do it. For fear? For pride?

Time stands still when I look into your eyes,
and I immerse myself through your gaze;
your crystal clear gaze,
so transparent that I can read what you're thinking.

That moment, that moment:
in which you take my hands,
in silence we walk together,
in silence I tell you what I feel;
only with a kiss.

That moment, of sudden heartbeat,
I hear your words chained to love,
and although you do not tell me the sentiment of your heart,
I get carried away by the softness of your voice.

That moment, that I enjoy slowly,
and I do not want it to end:
are the minutes in which I find myself
closer to you.

The silence transforms into communication,
without words you tell me everything,
only with your gaze,
in that moment.

35—Lo que es el amor

Ah, el amor, suave palabra que acaricia mis oídos,
llega a mí sin avisar, y aunque trato, no lo puedo
entender.
Recuerdo la primera vez que yo sentí amor,
pensé que era amor, si que lo pensé.

Era todo como un sueno,
sueno que nunca se hizo realidad;
yo tan solo escribía mis poemas en secreto,
poemas que nunca tuve el valor de entregar.

Ah, el amor, sentimiento abstracto,
sentimiento aficionado,
sentimiento completo,
satisfactorio, y a la vez destructor.

Ha pasado tanto tiempo
y yo sigo buscando el significado
de aquella fuerza interna,
que me trae y me lleva;

fuerza que atrapa todos mis sentidos,
y me deja sin ningún tipo de razonamiento,
¿Alguien podría decirme?
Por favor que no lo entiendo.

35—What love is

Ah, love, gentle word that caresses my ears,
comes to me without warning, and though I try, I cannot
understand.
I remember the first time I felt love,
I thought it was love, yes, I though it was.

It was all like a dream,
a dream that never came true;
I just wrote my poems in secret,
poems that never had the courage to give.

Ah, love, abstract sentiment,
amateur,
complete,
satisfactory, and at the same time destructive.

So much time has passed
and I keep searching for the meaning
of that inner strength,
that brings me and takes me away;

force that traps all my senses,
and leaves me without any type of reason,
Can anyone tell me?
Please because I do not understand.

36—Querer interno

Quiero vivir nuevamente lo que me haces sentir;
quiero volver a reír con la elocuencia de tus chistes,
y hacerme la inteligente cuando hablas de economía
y sus fines.

Quiero que me mires como me miras,
cuando sonríes y toda la habitación se ilumina
con tu luz.

Quiero, yo quiero nuevamente,
que se detenga el tiempo lentamente,
cuando me tocas por costumbre
al jugar conmigo.

Quiero llamarte nuevamente
e inventar una pregunta difícil,
solo para escuchar la inteligencia de tu voz.

Quiero, tan solo quiero,
sentir cerca de mí tu respiración;
irte a visitar y cocinar juntos,

invitar amigos y fingir que no soy una más;
fingir que para ti yo soy especial,
y es que eso quiero,
convertirme en tu felicidad.

36—Inner want

I want to relive what you make me feel;
I want to laugh again with your eloquent jokes,
and pretend to be intelligent when you talk about the
economy
and its purposes.

I want you to look at me like always,
when you smile and the whole room lights up
with your light.

I want, I want again,
time to stop slowly,
when you touch me by habit
while you play with me.

I want to call you again
and invent a difficult question,
just to hear your intelligent voice.

want, I just want,
to feel your breath close to me;
to visit you and cook together,

to invite friends and pretend that I am not just another;
to pretend that to you I am special,
that is just what I want,
to become your happiness.

37—E intentado

E intentado escapar de ti,
pero no puedo, algo me detiene.
Escapar de tu desenfrenado y loco comportamiento,
escapar de todo lo que llevo dentro.

E intentado tantas veces sin logro alguno,
deshacerme de esta furia inmensa que no me deja dormir,
cuando te miro con otra,
y no te fijas en mí.

E intentado tantas veces, cambiar mi forma de pensar,
mis palabras al hablarte, mi forma de vestir,
los lugares donde voy solo para encontrarte a ti.

E intentado cambiar, que te has convertido en mi obsesión,
y escapar de este remolino de sentimientos sin sentido,
que solo caen al vacío.

E intentado, cuanto e intentado;
sin éxito alguno, y me he dado cuenta
que más no puedo hacer.
No es debido cambiar a fuerzas
la naturaleza de un ser.

37—I have tried

I have tried to escape from you,
but I cannot, something stops me.
To escape from your wild and crazy behavior,
to escape from everything I have inside.

I have tried so many times without success,
to get rid of this immense rage that do not let me sleep,
when I see you with another,
and you do not notice me.

I have tried so many times, to change my way of thinking,
the way I speak to you, the way I dress,
the places I go, just to find you.

I have tried to change, the fact that you have become my
obsession,
and escape from this whirlwind of senseless feelings,
that only fall into emptiness.

I have tried, how much I have tried;
without any success, and I have realized
that I cannot do anything more.
It is not right to change by force
the nature of a being.

38—Estas conmigo

A veces suelo mirarte con detenimiento
tratando de entender tu comportamiento,
a lo que más llega mi acierto:
es que poses un alma distante, de mente ocupada,
y eres persona de pocas palabras.

Te gusta la simplicidad,
y aunque siempre tienes una razón
para defender tu punto de argumento;
usando tu filosofía de vida aprendida
a través de los años, internamente pierdes,
porque aun no has aprendido a argumentar,

y es que no se como siendo una persona
de lentitud pasiva, te gusta la rapidez,
y vas de aquí para ya, de un sitio a otro,
sin reposo alguno.

La noche para ti no es noche,
es solo una continuidad del día
a obscuras, es el momento perfecto
para compartir con tus amigos,
fiestear, cenar, salir conmigo,

y aun después de hacer un profundo estudio
de tu persona, sigo sin entender la motivación de tu ser;
al final, tan solo tengo que aceptar el hecho
de que tú tampoco me entiendes, y aun así sigues aquí
conmigo.

38—You are with me

Sometimes I look at you carefully
trying to understand your behavior,
and what my best guess is:
that you possess a distant soul of an occupied mind,
and you are a person of few words.

You like simplicity,
and although you always have a reason,
to defend your point of argument;
using your learned philosophy of life
throughout the years, you internally lose,
because you have not learned to argue,

and it is just that I do not know how being a person
of slowness and passiveness, you want everything to be fast,
and you go from here to there, from one place to another,
without any rest.

Night to you it's not night,
it is just a continuation of the day
in the dark, that is the perfect moment
to share with your friends,
partying, dining out, going out with me,

and even after making a thorough study
of you, I still do not understand the motivation of your being;
at the end, I have to just accept the fact
that you do not understand me either, and you still
continue here with me.

39—Pobre niña

En una habitación distante en donde solo entra la
oscuridad,
se escucha un ruido lejano,
son gotas de lágrimas que de sus ojos brotan
de tanto sufrir en la soledad.

Pobre niña, pobre niña,
tiene el corazoncito roto de tanta falta de querer,
su cuerpecito tiembla expuesto
al frío despiadado de la noche.

Pobre niña, pobre niña,
se acurruca del frío para no sentirlo,
se abraza así misma para sentir un poco de calor;
tiene zapatitos negros y un vestido rosa,
desde aquel tiempo que casi no recuerda.

No entiende nada, no sabe porque esta ahí.
¿Será que alguien se acuerde de ella algún día
y le brinde el calor que tanto anhela recibir?
A veces cierra sus hermosos ojitos
grandes y negros como la noche;

cierra sus ojos para soñar que es feliz
e imagina que tiene madre, y alguien con quien vivir;
que le dan besos y abrazos y un poco de comida, si no es
mucho pedir.

Juega con la lluvia de una tarde de primavera,

sueña con flores,
sueña que puede resistir;

pero al despertar, no ve nada, tan solo aquella abrumadora oscuridad.
Un día de tantos aquellos, se dirigió a su rincón preferido,
se acostó en el suelo, se abrazo con sus manitas y encogió sus pies;
cerró sus ojitos para soñar,
e imagino como siempre que era feliz,
que ya no tenía porque llorar,

y en un caballo, blanco cabalgó entre las flores llena de felicidad;
ya no sentía frío, sus lágrimas cesaron de correr,
y fué feliz por siempre en aquel sueño eterno,
porque nunca despertó de el.

39—Poor child

In a distant room where only darkness enters,
one can hear a faraway noise,
it is teardrops that spring from her eyes
from suffering so much in solitude.

Poor child, poor child,
she has her little heart broken so much from not being
loved,
her little body shudders from being
exposed to the ruthlessly cold night.

Poor child, poor child,
she curls up so she does not feel the cold,
she hugs herself to feel a little bit of warmth;
she has black shoes and a pink dress,
since that time she almost does not remember.

She does not understand anything, she does not know
why she is there.
Could it be that someone will remember her one day
and provide the warmth she deserves?
Sometimes she closes her beautiful eyes
big and black as the night;

she closes her eyes to dream that she is happy
and imagines that she has a mother, and someone with
whom she can live;
who gives her hugs and kisses and some food, if it is not
too much to ask.

She plays with the rain of a spring afternoon,
she dreams about flowers,
she dreams that she can resist;

but when she awakes she sees nothing, just that
overwhelming darkness.
One of those days, she went to her favorite spot,
she lay on the ground, she hugged herself with her little
hands and tucked in her feet;
she closed her eyes to dream,
and she imagined as always that she was happy,
that she did not have to cry,

and on a white horse, she rode among the flowers full of
happiness;
she no longer felt cold, her tears ceased to flow,
and she was happy forever in that eternal sleep,
because she never awoke from it.

40—A través de sus ojos

Me perdí en sus ojos,
y corrió de tras de mi a través del pasto,
yo caí cansada de correr entre las flores;
y el se acostó al lado de mi,
y estábamos allí los dos mirando al cielo,
mirando al cielo y a las nubes,

y yo no quería que se acabara el momento,
ese momento de felicidad;
y me agarro de las manos y las apretó fuertemente,
y caminamos entre las flore de colores y el pasto verde,
y yo esperaba un beso, mas me dio una flor colocada en
mi pelo.

Momento en el cual desperté
al oírle llamar mi nombre,
aun estaba mirándolo, perdida en mis sueños a través de
sus ojos.

40—Through his eyes

I got lost in his eyes,
and he ran behind me through the pasture,
I fell tired of running among the flowers;
and he lay down beside me,
and we were there, both looking up at the sky,
looking at the sky and the clouds,

and I did not want the moment to end,
that moment of happiness;
and he took my hands and squeezed them hard,
and we walked among the colorful flowers and the green
pasture,
and I awaited a kiss, but instead he gave me a flower
which he placed in my hair.

Moment in which I awoke
upon hearing him calling my name,
I was still looking at him, lost in my dreams through his
eyes.

41—Amistad

Personas entran y salen de mi vida
y tú sigues aun aquí. Recuerdo la primera vez que
te conocí, eras tan tímida,
yo te hable primero a ti.

Nos pasábamos todo el tiempo jugando,
inventando historias
con nuestra creativas fantasías,
y reíamos y saltábamos,
y dormíamos de cansancio
de tanto reír.

Tú me ayudabas a desorganizar el mundo,
y yo te ayudaba a seguir desorganizándolo;
las únicas reglas que seguíamos
habían sido inventadas por nosotras.

El tiempo era tan corto, cuando estábamos hablando,
que amanecía sin darnos cuenta,
y aunque nada hacía sentido en la vida;
no importaba porque estábamos juntas
para hacer una fiesta de ella,

y después de tanto tiempo,
es increíble que aun te confundas
de el día de mi cumpleaños;
pero no importa, ya yo he aceptado
la confusión de tu mente,
si eso es lo que nos divierte.

¿Sabes lo que siempre me ha asustado?
La forma exacta en la que me conoces.
Me puedes leer como un libro abierto,
y aunque a veces e tratado de ocultarte
cuando cometo errores,

lo que termina siendo un experimento fallido,
porque siempre sabes lo que pienso y como actuó.
Termino aceptando, que no te puedo ocultar nada,
en mi vida juegas el papel de una buena amiga.

41—Friendship

People come and go in my life
and you are still here. I remember the first time that
I met you. You were so shy,
I spoke to you first.

We spent all our time playing,
making up stories
with our creative fantasies,
and we laughed and jumped,
and slept from exhaustion
from laughing so much.

You helped me to disorganize the world,
and I helped you to continue disorganizing it;
the only rules we followed
were made up by us.

Time was so short, when we were talking,
the days dawned without us realizing,
and although nothing had meaning in life;
it did not matter because we were together
to make a party out of it,

and after so much time,
it's unbelievable that you still get confused
about the day in which my birthday falls;
but no matter, I have accepted
the confusion of your mind,
if that is what amuses us.

Do you know what has always scared me?
The exact way that you know me.
You can read me like a book,
and though at times I tried to hide
when I made mistakes,

what ends up being a failed experiment,
because you always know what I am thinking, and how
I act.
I have finally accepted, that I cannot hide anything from
you,
in my life you play the role of a good friend.